Elisabeth Kübler-Ross

In Liebe leben

ELISABETH KÜBLER-ROSS

In Liebe leben

... wenn die Seele den Körper verlässt

SILBERSCHNUR VERLAG

MIX
Papier aus verantwortungsvollen Quellen
FSC
www.fsc.org
FSC® C014138

Originaltitel: *Living With Love*

 1.–2. Auflage erschienen unter der ISBN 978-3-89845-024-9

ISBN: 978-3-89845-601-2
1. überarbeitete Auflage 2018 2. Auflage 2021

Gestaltung & Satz: XPresentation, Güllesheim
Umschlaggestaltung: XPresentation, Güllesheim; unter Verwendung eines Motivs von © Thaut Images, www.fotolia.com
Druck: Finidr, s.r.o. Cesky Tesin

Verlag »Die Silberschnur« GmbH · Steinstraße 1 · D-56593 Güllesheim
www.silberschnur.de · E-Mail: info@silberschnur.de

Liebe Leserinnen und liebe Leser,

wir freuen uns, Ihnen ausgewählte Texte der weltbekannten Ärztin Elisabeth Kübler-Ross zu präsentieren, die sich aus Publikationen zusammensetzen, die im Silberschnur-Verlag veröffentlicht wurden.

Als Forscherin und Thanatologin hat Elisabeth Kübler-Ross nicht nur einen wesentlichen Anteil daran gehabt, dass wir unser Bild über Sterbende einer grundlegenden Revision unterzogen haben. Sie konnte daneben auch beweisen, dass der Mensch nach seinem Tod nur eine Verwandlung durchlebt und dann auf einer höheren Ebene weiterexistiert.

Als Elisabeth Kübler-Ross bereits weltweit anerkannt und mit vielen Ehrendoktorwürden ausgezeichnet worden war, durfte sie zudem ein außerkörperliches Erlebnis erfahren, das ihr spirituelles Verstehen beträchtlich erweiterte. Nun war sie zu einer Wissenden um das Geheimnis des Lebens geworden, an dem sie uns in diesem Büchlein teilhaben lässt.

Wir hoffen, mit dieser Hand- und Kopfreichung für Trauernde ein trostspendendes Kompendium geschaffen zu haben, das Angehörigen Hoffnung spendet und ihnen die Angst vor dem Tod nimmt.

Ihr Verlag "Die Silberschnur"

Hinweis:
Die in Klammern am Ende eines Satzes oder Abschnitts beigefügten Zahlen verweisen auf Bücher von Elisabeth Kübler-Ross. Siehe dazu Seite 58.

Meine eigentliche Aufgabe besteht darin
- und hierin benötige ich Ihre Mithilfe -,
den Menschen zu sagen, dass es
keinen Tod gibt. [1]

Lichterlebnisse

Bei meinem Ausstieg aus dem Körper sah ich vor meinen Augen die Knospe einer Lotosblume. Sie war von unbeschreiblich schöner Farbe und begann sich langsam zur vollen Blüte zu öffnen. Und dann bewegte sich mein ganzes Wesen durch die Blüte hindurch auf das Licht zu, das hinter der Lotosblume aufleuchtete. Alles, was ich wollte, war, zu diesem Licht zu gelangen, das mich wie ein Magnet anzog. Noch Augenblicke vorher war ich tausend Tode gestorben, und jetzt erlebte ich eine Wiedergeburt, wie man sie sich schöner nicht vorstellen kann. In der Gegenwart dieses Lichtes wusste ich alles. Ich wusste, dass wir alle von diesem Licht kommen und eines Tages wieder dorthin zurückkehren werden. In diesem Licht ist alles Wissen – nicht nur Glaube. Es ist Wissen, Friede, Glückseligkeit, EINSSEIN. Dieser Friede und diese Liebe überstiegen alles, was ich je auf Erden erlebt hatte.[4]

Ich verschmolz mit diesem Licht, war vollkommen eins mit ihm und der Liebe. Es war wie das Eintauchen in eine Sonne, durch das man mit ihr verschmilzt. In diesem Licht hatte ich alles Wissen der Welt. Das ist die Quelle, aus der wir kommen und zu der wir wieder zurückkehren. Alles dazwischen ist ein Albtraum, die Hölle. Doch nehme ich gerne jeden Albtraum und alle Tode auf mich für einen einzigen Funken dieser Liebe.

Nach diesem Erlebnis hatte sich mein Bewusstsein, was wahre Liebe ist, verändert. Es gibt absolut nichts hier auf Erden, was im Entferntesten mit dieser Liebe vergleichbar wäre.[4]

In meiner außerkörperlichen Erfahrung habe ich die Art der Liebe erlebt, nach der wir uns alle sehnen. Ich nenne sie wahre, bedingungslose Liebe.[5] Die Menschen müssen wissen, dass es sie gibt.[4] Es gibt keine Worte, die dieses Erlebnis beschreiben könnten. Sie wissen, dass Sie akzeptiert sind, so wie Sie sind. All Ihre Vergehen lösen sich einfach auf und sind Ihnen vergeben, noch bevor Sie sie überhaupt erwähnen können. Alles dort ist absolutes Verständnis und Mitgefühl.[5]

Ich musste während dieser Erfahrung auf einer sehr hohen Ebene gewesen sein, denn ich bemerkte, dass die Wahrnehmung dieser Liebe immer mehr abnahm, je näher ich der Erde kam. Obwohl der Grad dieser Empfindung auch in der geistigen Welt variiert, sehnen wir uns ausnahmslos nach ihr zurück. Diese Sehnsucht ist es, die uns vorantreibt und uns die Energie gibt weiterzumachen. In diesem Licht entscheiden wir uns, was wir mit unserem Leben machen, und versprechen Gott, unser Vorhaben zu erfüllen. Doch wenn wir wieder in unserem physischen Körper sind, können wir uns nicht mehr erinnern, warum wir hierhergekommen sind.[4]

Es wird das “kleine” und das “große” Versprechen genannt. Letzteres ist Ihr Beitrag zur Verbesserung der Lebensbedingungen auf diesem Planeten. Mein erstes großes Versprechen war, Menschen zu lehren, einander mit mehr Mitgefühl, mehr Liebe und mehr Verständnis zu begegnen. Ich wollte vor allem dafür sorgen, dass Sterbende akzeptiert und mit mehr Liebe behandelt werden.[(4)]

Nach meiner Rückkehr in die Realität wusste ich, dass diese höhere Dimension existiert. Es war nicht nur Glaube, ich wusste, dass es den Tod nicht gibt. Die Verwandlung einer Raupe zu einem Schmetterling bedeutet nicht, dass die Raupe nicht mehr existiert, sondern nur, dass sie in einer anderen Form weiterlebt.[(4)]

Heimkehren

Ich glaube, es ist jetzt Zeit, dass die Leute wissen, dass der Tod gar nicht existiert, wenigstens nicht so, wie wir uns das vorstellen. Der Tod ist der Höhepunkt des Lebens, die Reifeprüfung, der Abschied vor einer neuen Begrüßung, das Ende vor einem neuen Anfang. Der Tod ist der große Übergang.[2]

Das Sterbeerlebnis ist fast identisch mit der Geburt. Es ist eine Geburt in eine andere Existenz, die ganz einfach bewiesen werden kann. Zweitausend Jahre lang hatte man Sie dazu ersucht, an die jenseitigen Dinge zu “glauben”. Für mich ist es nicht mehr eine Sache des Glaubens, sondern eine Sache des Wissens.[1]

Jener Tod, von dem uns die Wissenschaftler überzeugen wollen, existiert in Wirklichkeit überhaupt nicht. Der Tod ist ganz einfach das Heraustreten aus dem physischen Körper, und zwar in gleicher Weise, wie der Schmetterling aus seinem Kokon heraustritt. Der Tod ist ein Hinübergehen in einen neuen Bewusstseinszustand, in dem man fortfährt, zu fühlen, zu sehen, zu hören, zu verstehen, zu lachen – und in dem man befähigt ist, weiterhin zu wachsen.[1]

Wenn Kinder im Koma gelegen hatten und wieder aufwachten, dann fragte ich, ob sie mir erzählen wollten, was sie erlebt hatten. Ein kleines Mädchen sagte zu mir: "Es ist so friedlich dort. Mami und Peter warten schon auf mich." Ich wusste, ihre Mutter war bereits am Unfallort gestorben, aber ihr Bruder Peter war aufgrund seiner schweren Verbrennungen in eine Sonderabteilung gebracht worden. Ich wollte sie nicht berichtigen, und so schwieg ich. Da kam eine der Schwestern und teilte mir mit: "Dr. Ross, wir haben gerade eine Nachricht bekommen, dass Peter vor zehn Minuten an seinen Verbrennungen gestorben ist." Und ich erwiderte ganz gelassen: "Ja, ich weiß." Nun wusste ich, dass diejenigen, die uns im Tode vorausgegangen sind, uns drüben willkommen heißen und unser Leben mit dem Tod nicht beendet ist.[(4)]

Es ist wichtig zu wissen, dass jeder einzelne Mensch von dem Augenblick an, wo er den ersten Atemzug tut, bis zu dem Augenblick, wo er sich der Verwandlung übergibt und somit seine physische Existenz beendet, von Geistführern und Schutzengeln umgeben wird, die auf ihn warten und ihm bei der Umwandlung von einem Leben in das andere jenseits des Todes behilflich sind.[(1)]

Ankunft

Viele Leute beginnen, sich wieder bewusst zu werden, dass der physische Körper nur das Haus, den Tempel oder – wie ich gerne sage – den Kokon darstellt, den wir nur für eine bestimmte Zeit bewohnen, bis wir uns jener Umwandlung übergeben, die man als den Tod bezeichnet. Und sobald jener Tod eingetreten ist, entschlüpfen wir dem Kokon und bewegen uns frei wie ein Schmetterling. Sobald man frei wie ein Schmetterling ist, das heißt, sobald die Seele aus dem Körper ausgetreten ist, wird einem bewusst, dass man alles wahrnimmt, was an dem Ort des eigenen Todes, im Krankenzimmer, an der Unfallstelle oder dort, wo man seinen Körper verlassen hat, passiert.[2]

Doch in dem Augenblick, in dem die Umwandlung stattfindet, ist man niemals allein. Man ist auch im täglichen Leben nicht allein, aber man weiß nichts davon. Zur Zeit der Verwandlung aber werden unsere Geistführer, Schutzengel und solche Wesenheiten, die wir geliebt haben und die schon vor uns hinübergegangen sind, uns zur Seite stehen und uns bei unserer Umwandlung behilflich sein. (Diese Aussage mache ich wohlgemerkt als Wissenschaftlerin.) Immer ist jemand als Helfer zugegen, wenn wir jene Verwandlung durchmachen. In den meisten Fällen handelt es sich um die bereits "vorausgegangenen" Großväter oder Großmütter oder auch um ein Kind, sofern dieses schon gestorben ist.[1]

Wenn wir den Körper ablegen, werden wir frei sein von Schmerzen, Angst und allem Kummer - frei sein wie ein bunter, schöner Schmetterling. Wir dürfen heimkehren zu Gott.(2) Nachdem wir gestorben sind, gelangen wir in den Glanz dieses unglaublich strahlenden Lichtes, das reine Liebe ist, und es werden uns zwei Fragen gestellt: "Wie viel Liebe warst du in der Lage, zu geben und anzunehmen?" Und die zweite Frage lautet: "Wie viel Dienst hast du an deinen Mitmenschen geleistet?" Und damit ist gemeint: Dienst an jedem. Ohne Unterschiede zu machen.(5)

In dieser Lichtgegenwart, wo uns Mitempfinden, Liebe und Verstehen umgeben, werden wir gebeten, unser ganzes Leben nochmals vor unserem geistigen Auge vorbeiziehen zu lassen und es zu bewerten, da wir nun nicht länger an den Verstand unseres physischen Hirns angeschlossen sind, der uns im irdischen Körper begrenzt hatte. Wir nehmen nochmals jeden Gedanken, jedes Wort und jede Tat unserer Erdenexistenz wahr und erkennen gleichzeitig, was diese bei unseren Mitmenschen bewirkt haben. Wir werden nun über unsere Gedanken, Worte und Taten urteilen.[(1)] Und wir wissen, was wir richtig und was wir falsch gemacht haben. Dann werden wir das spirituelle Gesetz verstehen: "Was du gesät hast, wirst du ernten."[(4)]

Gott ist bedingungslose Liebe. Bei der "Revision" deines Lebens wirst du nicht Ihm die Schuld an deinem Schicksal zuschieben, sondern du erkennst, dass es sich bei all deinen Schicksalsschlägen um unzählige Möglichkeiten handelte - Möglichkeiten zum Wachsen an Verständnis, zum Wachsen an Liebe, zum Wachsen an allen Dingen, die wir noch zu lernen haben.[(1)]

In der Gegenwart der spirituellen Energie benötigen wir keine physische Gestalt. Wir nehmen wieder die Gestalt an, die wir hatten, bevor wir auf Erden geboren waren, die wir ewig haben werden, die wir zwischen den einzelnen Erdenleben besitzen.[(1)]

Der Tod ist ganz einfach das Heraustreten aus dem physischen Körper, und zwar in gleicher Weise, wie ein Schmetterling aus seinem Kokon heraustritt.[(2)]

Im Licht

Sobald wir gestorben sind, können wir auf der anderen Seite vieles herausfinden. Dir wird nur so viel offenbart werden, wie du in der Lage bist zu verarbeiten. Das hängt von deiner Gefühlskapazität und vom Stand deiner spirituellen Entwicklung ab. Deine Erdentaten entscheiden darüber, ob du in der jenseitigen Welt in eine dunklere oder in eine hellere Zone gelangen wirst.[6]

Zwischen unseren verschiedenen Inkarnationen haben wir genügend Zeit, uns zu erholen und uns sorgfältig zu überlegen, was es als Nächstes für uns zu tun gibt. Wir müssen genauestens überprüfen, was wir uns für dieses Leben vorgenommen hatten und inwieweit wir dieses Ziel erreicht haben. Es wird uns klar, was uns misslungen ist und welchen Aspekt wir vielleicht nicht einmal berührt haben. Wir betrachten all unsere Taten, Worte und Gedanken wie auf einem Fernsehbildschirm. Hiermit wird uns Gelegenheit gegeben, selbst über uns zu Gericht zu sitzen.(1) Dann entscheiden wir uns, wo und wie wir die ungelernten Lektionen wiederholen können.(4)

Einer meiner jenseitigen Freunde sagte mir einmal, als ich all diese Zusammenhänge noch nicht verstand, dass er sich für ein Leben in Afrika entscheiden wolle, wo er als Kind verhungern werde. Ich sagte: "Du spinnst! Warum suchst du dir ein Leben aus, in dem du als Kind verhungern wirst?" Er schaute mich an und entgegnete sehr liebevoll: "Du verstehst nicht. Solch ein Leben würde mein Mitgefühl erweitern." Und er fügte hinzu, dass er diese Lektion in seinem vorausgegangenen Erdenleben nicht gelernt hatte, denn er hatte kein Mitgefühl für andere gezeigt. Deshalb entschied er sich für ein hartes Leben, um selbst die andere Seite kennenzulernen.[(6)]

Das einzige Interesse unserer jenseitigen Freunde an uns ist, dass wir spirituell wachsen. Wenn sie uns bei unserem Wachstum helfen können, sind sie glücklich. Sie versuchen, uns behilflich zu sein, damit wir unsere Aufgaben erfüllen und somit unser Ziel erreichen.[(6)]

Die Zeit zwischen unseren Inkarnationen verbringen wir in der Liebe der jenseitigen Welt, und es ist ein großes Opfer, wieder in den physischen Körper mit seinen Begrenzungen zu schlüpfen und nur bedingt Liebe erfahren zu können.[(4)]

Doch in der jenseitigen Welt schaust du dir vor dem Sprung in ein neues Erdenleben zunächst alles an, was du im nächsten Leben unternehmen möchtest.[(6)] Wir haben so viel Zeit, wie wir benötigen, um unser nächstes Erdenleben vorzubereiten. Es muss dabei sorgsam bedacht werden, was aus unseren verschiedenen Leben noch an Karma ausgeglichen werden muss.[(5)]

Das größte Ziel, das du hier auf Erden erreichen kannst, ist, du selbst zu sein, das heißt zu wissen, dass du ein Kind Gottes sind. Wir haben alle das Potenzial, dem Beispiel Jesu zu folgen und der gesamten Schöpfung gegenüber wahre Liebe auszudrücken. Wenn wir das erreicht haben, ist es nicht mehr notwendig für uns, auf die Erde zurückzukehren.(5)

Nur mit Liebe ist unser Leben lebenswert. Wenn du wirklich Liebe erfährst, dann sei dankbar. Fülle dein ganzes Sein damit und gib sie an andere weiter. Das wird dein Leben in all seinen Aspekten verändern.(5) Mein Wunsch ist es, dass du vielen Menschen gegenüber ein bisschen mehr Liebe zeigst.(1)

In Liebe leben

Die meisten Menschen sehen all ihre schweren Lebensbedingungen, ihr Geprüftwerden, ihre Drangsale, ihre Schrecknisse und alle Verluste als einen Fluch an, als eine Strafe Gottes, als etwas Negatives. Wenn man doch nur begreifen würde, dass nichts, was einem begegnet, negativ ist, ich betone: ganz und gar nichts! Alle Schicksalsschläge, leidvollen Erfahrungen und selbst die größten Verluste sind Geschenke. Wir können unser Schicksalsweh und Leid mit dem Schmieden des glühenden Eisens vergleichen: Es ist eine Gelegenheit, seelisch zu wachsen. Das ist der alleinige Grund für unsere Existenz auf Erden. Wie wäre unsere Welt, wenn wir uns alle ein wenig Mühe gäben, die Dinge zu segnen, die wir haben, anstatt unser Schicksal zu verfluchen wegen der Dinge, die wir nicht haben?[2]

Ehrlichkeit lernt man am besten von Kindern. Kinder sind für mich unendlich gute Lehrer. Speziell sterbende Kinder. Ich glaube auch, ja, ich bin total davon überzeugt, dass der ganze Sinn des Daseins von kleinen Kindern, die für ein, zwei, drei Jahre hierherkommen und dann sterben, darin besteht, uns Verständnis, Mitgefühl, bedingungslose Liebe zu lehren. Sie sind jene Kinder, die nur lieben und nicht hassen können. Sie sind unendlich gute Lehrer.[3]

Wir Menschen wissen nicht mehr, was Liebe wirklich ist, wir müssen es erst wieder lernen. Wirklich lieben heißt geben, ohne irgendwelche Gegenleistungen zu erwarten. Und das heißt jeden zu lieben, so wie er ist, ohne sich vom Verhalten oder Aussehen der Person beeinflussen zu lassen.(5)

Liebe bedeutet nicht: "Ich liebe dich, wenn du dich so verhältst, wie ich es von dir erwarte." Oder: "Ich liebe dich, wenn du mir dies oder jenes kaufst." Oder: "Ich liebe dich, wenn ..." Das ist nicht Liebe, das ist Manipulation, und wir müssen lernen, das zu unterscheiden.(5) Und dieses Wort "wenn" hat mehr Leben ruiniert und vernichtet als irgendetwas anderes auf diesem Planeten Erde.(1)

Wenn wir Menschen bedingungslos lieben würden, würde es weder Diskriminierung noch Rassenprobleme noch Kriege noch Hass in der Welt geben. Auch Umweltverschmutzung wäre kein Thema, denn wir würden die Erde und all ihre Bewohner mit Respekt behandeln. Wenn wir Liebe durch unsere Herzen fließen lassen könnten, würde es keine Armut, keine Diskriminierung, keine heimatlosen Kinder geben. Es würde all den körperlichen und sexuellen Missbrauch an Kindern und die schweren Schicksale, die alte Menschen oft erleiden, nicht geben.(5)

Es ist wichtig, dass Menschen endlich lernen, dass sie für jeden ihrer Gedanken sowie für ihre Worte und Handlungen ganz allein die Verantwortung tragen. Das Karmagesetz macht jeden für seine Taten verantwortlich. Man stelle sich vor, jeder Gauner würde wissen, dass er jede seiner Taten einmal verantworten muss. Wir würden dann in einer wunderbaren Welt leben.[6]

Auch Gedanken sind unglaublich machtvoll, und sie kommen immer zu dem zurück, der sie ausgesandt hat. Deshalb ist es wichtig, dass Kinder schon in jungen Jahren lernen, darauf zu achten, was sie tun, und auch ihre Worte mit Bedacht wählen. Das ist eine hervorragende Vorarbeit für sie, um dann als Erwachsene das Training fortzusetzen und zu lernen, auch ihre Gedanken bewusst wahrzunehmen. Leider sind sich die meisten Menschen nicht bewusst, wie viel Macht selbst ihre Gedanken haben. Ich muss es immer wieder wiederholen: Es wäre wunderbar, wenn wir uns in allem nur von Liebe leiten lassen würden.[5]

Die Essenz eines jeden Menschen ist Liebe. Da wir dies nicht wissen, können wir sie auch nicht erblühen lassen. Die Wahrheit ist, dass unsere Seele wahrhaftig ein Teil Gottes ist.[5] Dein jetziges Leben ist jedoch innerhalb deiner Gesamtexistenzen von größter Bedeutung, denn du bist aus einem bestimmten Grund hier, der ganz und gar auf dich abgestimmt ist.[1]

Der Mangel an bedingungsloser Liebe ist ein großes Problem in unserer Gesellschaft, das auch Erkrankungen wie Krebs und Aids verschlimmert.[5] Leben wir ein Leben der totalen Liebe, dann werden wir auch gesund und heil sein. Dann sind wir auch dazu in der Lage, unsere Aufgaben und Ziele in einem einzigen Leben zu erfüllen.[1] Es ist unser aller Aufgabe, wieder bedingungslos Liebe zu lehren und zu praktizieren. Aber wir müssen diese Liebe erst erlebt haben, um sie weitergeben zu können. Mit jedem Mal, da du Liebe erfährst, wächst deine eigene Fähigkeit zu lieben.[5]

Das Wichtigste, was wir zu lernen haben,
ist, uns selbst zu lieben.
Ich meine damit nicht Egoismus oder
Narzissmus oder dergleichen.
Aber es ist uns nur in dem Maße möglich,
andere zu lieben,
wie wir uns selbst lieben.[5]

Alles hier auf Erden hat eine Bedeutung. Meistens geschehen Dinge, damit wir durch sie wachsen. Aber manchmal wird uns auch einfach nur die Gelegenheit gegeben, uns vom letzten "Sturm" zu erholen.[5] Vielleicht verstehen die Menschen irgendwann, dass ein Sinn in allem liegt, was uns zustößt, und dass die schmerzlichsten Augenblicke die größten Gaben nicht nur für uns selbst, sondern auch für die Mitwelt bergen können.[2]

Man kann nicht seelisch wachsen, wenn man in einem wunderbaren Blumengarten sitzt und sich auf einem Silbertablett das großartigste Essen servieren lässt. Aber man wächst, wenn man krank ist, wenn man Schmerzen hat, wenn man einen schmerzlichen Verlust ertragen muss.(2) Und wenn die Windstürme des Lebens kommen, denke daran, dass diese Windstürme des Lebens ein Geschenk sind, das sich nicht im Moment, aber vielleicht schon in zehn oder zwanzig Jahren als solches erweist. Denke daran, dass es dir Kraft gibt und dich Dinge lehrt, die du sonst überhaupt nicht gelernt hättest.(1)

Wir bekommen meist nicht, was wir uns wünschen, sondern was wir am meisten brauchen – und das sind in der Regel Situationen, die wir am wenigsten erwarten. Das Beste ist, sich immer auf das Unerwartete einzustellen und zu akzeptieren, was dir im Moment gegeben wird. Es ist ein Segen, nimm ihn dankbar an und erfreue dich daran.[(5)]

Es gibt keine bösen Menschen. Wir müssen ihnen nur helfen, sich von ihrer Negativität zu befreien, ohne sie zu kritisieren, sondern sie in ihren Bemühungen ermutigen. Je mehr wir ihnen bei diesem Prozess helfen, desto offener werden sie für ihr eigenes Licht und ihre eigene Liebe.[(5)]

Ein jeder hat unterschiedliche Lektionen zu lernen. Wenn du die Schule schwänzt und dadurch einen wichtigen Lernstoff versäumst, dann hast du dich selbst darum betrogen. Genauso machen es die Menschen mit ihrem Leben. Wenn du deinen Lektionen aus dem Weg gehst, um alle Härten des Lebens zu vermeiden, dann bist du genötigt, auf die Erde zurückzukehren. Du wählst dir dann ein schweres Leben aus, wo diese Lektion wiederholt wird. Wir erhalten in vieler Gestalt Hilfe, die man im Moment nicht als solche wahrnimmt, die sich jedoch, wenn man auf sein Leben zurückblickt, deutlich abzuzeichnen beginnt.[6]

Dein ganzes Erdenleben ist nichts anderes als eine Schule, durch die du hindurchgehen musst, in der du bestimmte Prüfungen bestehen und bestimmte Dinge lernen musst. Sobald du dein Pensum erledigt und bestanden hast, darfst du nach Hause gehen. Eines muss jeder lernen, bevor er zurückgehen kann, woher er kommt, und das ist bedingungslose Liebe.[1]

Richtig leben heißt im eigentlichen Sinne, lieben lernen.[1] Wenn ich verhindern kann, dass ein einziges Herz bricht, habe ich nicht umsonst gelebt; wenn ich einem einzigen Leben Trost spenden oder einen einzigen Schmerz lindern oder einem einzigen schwachen Rotkehlchen in sein Nest helfen kann, habe ich nicht umsonst gelebt.[2]

Nimm Kontakt mit deinem eigenen innewohnenden Selbst auf und lerne, jegliche Angst abzulegen. Und eine Möglichkeit, keine Angst mehr zu verspüren, besteht darin, zu wissen, dass es keinen Tod gibt und dass alles, was uns in diesem Leben begegnet, einem positiven Zweck dient. Lege all deine Negativität ab und beginne, das Leben als eine Herausforderung zu begreifen, als eine Prüfungsstätte, um deine inneren Fähigkeiten und deine Stärke zu erproben.[(1)]

Unsere geistigen Lehrer haben uns darauf aufmerksam gemacht, dass, so wir mit bedingungsloser Liebe und Disziplin aufwachsen würden, wir auch niemals vor den Stürmen des Lebens Angst hätten. Wir würden dann keine Furcht, keine Schuldgefühle und keine Ängste mehr haben.[1] Angst und Schuld sind die großen Feinde des Menschen. Doch die größten Opponenten der Liebe sind Gleichgültigkeit und Ignoranz.[5]

Ein universelles Gesetz besagt, dass alles, was wir geben, zu uns zurückkommt. Du erntest, was du gesät hast. Wenn du also Liebe aussendest, kannst du nur Liebe zurückbekommen. Es gibt so viele Möglichkeiten und Situationen, in denen du Liebe geben kannst.[5]

Gottes größtes Geschenk an die Menschen ist der freie Wille. Wir können uns dafür entscheiden, all die negativen Erlebnisse aufzulösen und darüber hinauszuwachsen, oder wir können sie hinunterschlucken und sie unterdrücken. Doch dann wachsen sie immer weiter, bis sie schließlich so furchtbar werden, dass sie explodieren.[6] Es ist wichtig, dass man vor seinem Tod sich selbst und allen anderen, die einen beleidigt oder einem wehgetan haben, vergibt.[6]

Über die Autorin

© Photo by Ken Ross

Elisabeth Kübler-Ross, 1926 in der Schweiz geboren, studierte in Zürich Medizin. Bevor sie in die USA auswanderte, war sie in der Schweiz als Landärztin tätig. In den Vereinigten Staaten arbeitete sie anfangs in einigen psychiatrischen Kliniken in New York, Denver und Chicago. Zeitweise ging sie einer Lehrtätigkeit an einigen Universitäten nach. In Virginia leitete sie ein Seminarzentrum mit dem Schwerpunktthema "Leben und Sterben".
Auf der ganzen Welt hielt sie Workshops ab, um die Menschen wieder zu lehren, ihre Liebesfähigkeit zu entfalten. Ihre Arbeit und Hingabe galten in ihren letzten Lebensjahren besonders sterbenden Kindern und Aidskranken. Elisabeth Kübler-Ross, die im August 2004 verstarb, hat mit ihren Forschungen den Menschen Hoffnung gegeben, dass mit dem Tod - entgegen der "wissenschaftlichen" Meinung - ein neues, strahlenderes Leben beginnt, auf das wir uns alle freuen können.

Die in Klammern am Ende eines Satzes oder Abschnitts beigefügten Zahlen verweisen auf die unten angegebenen Bücher, die von Elisabeth Kübler-Ross im Verlag »Die Silberschnur« erschienen sind:

Über den Tod und das Leben danach (1)
(ISBN 978-3-89845-365-3 · € [D] 12,95)

Jedes Ende ist ein strahlender Beginn (2)
(ISBN 978-3-923781-66-9 · € [D] 13,90)

Sterben und leben lernen (3)
(ISBN 978-3-89845-487-2 · € [D] 12,95)

Sehnsucht nach Hause (4)
(ISBN 978-3-931652-21-0 · € [D] 13,90)

Der Liebe Flügel entfalten (5)
(ISBN 978-3-923781-99-7 · € [D] 13,90)

Warum wir hier sind (6)
(ISBN 978-3-931652-72-2 · € [D] 14,90)

Mögen dieses Geschenkbüchlein und sein Inhalt viele Herzen berühren.

BILDNACHWEISE:
www.fotolia.com: Kapitelgrafik: © Thaut Images; S. 6+18: © Konstiantyn; S. 12: © Subbotina Anna; S. 28: © Leonid Tit; S. 43: © Laura Pashkevich; S. 46: © soupstock; S. 55: © Bashkatov.
www.shutterstock.com: S. 22: © LedyX; S. 32: © Delbars; S. 38: © iravgustin; S. 50: © Ramona Heim

Elisabeth Kübler-Ross

Über den Tod und das Leben danach

»Ich glaube, es ist jetzt Zeit, dass die Leute wissen, dass der Tod gar nicht existiert, wenigstens nicht so, wie wir uns das vorstellen.«

Elisabeth Kübler-Ross beweist überzeugend und einfühlsam, dass es ein Leben nach dem Tod tatsächlich gibt.
Ihre Worte spenden Trost und Hoffnung, Vertrauen und Liebe. Sie geben praktische und seelische Hilfe und lehren uns, dass jedes noch so leidvolle Schicksal eine Botschaft für uns hat und uns eine neue Chance zum Wachstum bietet.

»Sterben ist nur ein Umziehen in ein schöneres Haus.«

Gebundene Ausgabe:
128 Seiten, gebunden · ISBN 978-3-89845-365-3 · € [D] 12,95

Illustrierte Geschenkausgabe mit hochwertigem Samt-Cover:
144 Seiten, durchg. farbig, gebunden · ISBN 978-3-89845-519-0 · € [D] 19,95

Hrsg.: Fern Stewart Welch, Rose Winters &
Kenneth Ross

Zum Tee bei Elisabeth Kübler-Ross

Der Einladung, sich in Gedanken noch einmal »Zum Tee bei Elisabeth« einzufinden, kamen 51 wunderbare »Gäste« nach. Die persönlichen, bewegenden und inspirierenden Erinnerungen derer, die mir ihr befreundet waren und mit ihr gearbeitet haben, sowie von international bekannten Persönlichkeiten eröffnen ein neues Verständnis und malen das bewegende Bild einer wohl einmaligen, wirklich starken Frau ...

240 Seiten, broschiert · ISBN 978-3-89845-182-6 · € [D] 16,00

Elisabeth Kübler-Ross

Lebe jetzt und über den Tod hinaus

Die Schweizer Ärztin Dr. Elisabeth Kübler-Ross war eine der bekanntesten Ärztinnen unserer Zeit und die Begründerin der modernen Sterbeforschung. Ihre Definition der heute wissenschaftlich anerkannten fünf Phasen des Sterbens revolutionierte die Forschung. In diesem wegweisenden Buch offenbart uns Elisabeth Kübler-Ross die Antwort auf die wohl wichtigste Frage über das Leben und den Tod: Wie können wir unser jetziges Leben gestalten, um es mit dem Sterben zu versöhnen?

160 Seiten, gebunden · ISBN 978-3-89845-378-3 · € [D] 14,95

Elisabeth Kübler-Ross

Jedes Ende ist ein strahlender Beginn

»Der Tod ist nur ein Ablegen des irdischen Körpers, so wie ein Schmetterling aus seinem Kokon schlüpft.«

Es gibt kaum jemanden, der sich nicht schon einmal in irgendeiner Form mit dem Tod auseinandersetzen musste. Immer stehen wir dieser Situation mit Traurigkeit und Ohnmacht gegenüber. Elisabeth Kübler-Ross offenbart uns, wie nach dem Tod ein strahlendes Leben beginnt, einzigartig und einmalig zeigt sie, dass der Tod tatsächlich der Anfang von etwas Wunderbarem ist.

80 S., durchg. farbig, mit vielen Fotos, gebunden · ISBN 978-3-89845-680-7 · € [D] 14,00

Elisabeth Kübler-Ross

Der Liebe Flügel entfalten

Zu Elisabeth Kübler-Ross´ größten Vermächtnis gehören ihre Lehren in humaner Sterbebegleitung und zur Macht bedingungsloser Liebe. Hier weist sie uns liebevoll und direkt einen Weg, wie wir ehrlich, ohne unsere negativen Gefühle zu ignorieren oder zu unterdrücken, den Weg der Liebe einschlagen können. Dieses Buch lässt uns die Liebe umfassender begreifen und berührt tiefere Facetten unserer Seele.

80 Seiten, mit Fotos, durchg. farbig, gebunden · ISBN 978-3-89845-662-3 · € [D] 14,00

Elisabeth Kübler-Ross

Worte an ein sterbendes Kind

Dougys Fragen über den Tod und das Leben danach

Was ist Leben? Was ist Tod? Und warum müssen Kinder sterben? Diese Fragen stellte der neunjährige, an Krebs erkrankte Dougy der berühmten Sterbeforscherin Elisabeth Kübler-Ross. In kindgerechter Sprache als Brief verfasst, mit farbigen Filzstiften geschrieben und liebevoll von Elisabeth Kübler-Ross illustriert, richtet sich ihre Antwort gerade an diejenigen, die noch nicht so lange gelebt haben, um den Sinn des Lebensende anderer – oder wie bei Dougy sogar das eigene frühe Sterben – zu verstehen. Ein ergreifender Brief, der es allen Verlassenen, insbesondere Kindern, ermöglicht, diese allerwichtigsten Lebensfragen besser zu verstehen und dadurch den Schmerz zu lindern.

24 Seiten, durchg. farbig, gebunden · ISBN 978-3-89845-333-2 · € [D] 8,95

Elissa Al-Chokhachy

Der Tod meines Kindes und das Leben danach

Wunderbare Zeichen der Hoffnung

Der Verlust eines Kindes ist wahrhaft unfassbar – wie sollen wir danach weiterleben? Die erfahrene Hospizschwester Elissa Al-Chokhachy übermittelt 82 wahre und berührende Geschichten von trauernden Angehörigen und Freunden, die zeigen, dass unsere Kinder immer bei uns bleiben. Wer den unvorstellbaren Verlust eines geliebten Kindes erleiden musste, findet Trost und Zuversicht in jeder dieser wunderbaren Begebenheiten. Von lebhaften Träumen, Klängen und Visionen bis hin zu Berührungen und erahnter Präsenz legen sie Zeugnis ab für die unsterbliche Liebe unserer Kinder. Die, die wir lieben, leben weiter.

368 Seiten, broschiert · ISBN 978-3-89845-441-4 · € [D] 16,95

Weiterführende Informationen zu
Büchern, Autoren und den Aktivitäten
des Silberschnur Verlages erhalten Sie unter:
www.silberschnur.de

Natürlich können Sie uns auch gerne den
Antwort-Coupon aus dem beiliegenden
Lesezeichenflyer zusenden.

Ihr Interesse wird belohnt!